新时代少先队员丛书

从小学先锋

河南省少先队工作学会　编

文心出版社
·郑州·

图书在版编目（CIP）数据

从小学先锋 / 河南省少先队工作学会编. — 郑州：文心出版社，2021.9（2022.7 重印）
（新时代少先队员丛书）
ISBN 978-7-5510-2323-8

Ⅰ.①从… Ⅱ.①河… Ⅲ.①优秀少先队员—生平事迹—中国—少年读物 Ⅳ.①K828.4-49

中国版本图书馆 CIP 数据核字 (2021) 第 011897 号

本册主编：赵乐静　王　宁　杨美丽　周利德
本册编委：李杏阁　李鲜朋　房明丽　王秀利
　　　　　魏小琛

出　　版　文心出版社出版发行
　　　　　（地址：郑州市郑东新区祥盛街 27 号　邮政编码：450016）
发　　行　新华书店
印　　刷　保定市西城胶印有限公司
版　　次　2021 年 9 月第 1 版
印　　次　2022 年 7 月第 2 次印刷
开　　本　640 毫米 × 960 毫米　1/16
印　　张　6.5
字　　数　96 千字
书　　号　ISBN 978-7-5510-2323-8
定　　价　22.80 元

如发现印装质量问题　请与印刷厂联系　电话：0312-7182726

目录

第一单元　新中国成立前的少年先锋

第二单元　新中国成立至改革开放前的少年先锋

第三单元　改革开放前期至二十世纪末的少年先锋

第四单元　二十一世纪的少年先锋

第一单元

新中国成立前的少年先锋

新时代
少先队员

第一代红领巾的光辉代表

——罗志群和邓金娣

颁奖辞

“铜乐帽、白衬衣、蓝短裤，两个耀眼的红字‘准备’”，这是她们的标志；读报纸、讲时事、募钱款、发传单，这是她们的革命任务。她们就是光荣的劳动童子团团员，是党领导的第一代红领巾的光辉代表。她们就是罗志群和邓金娣。

读故事

罗志群和邓金娣是广州工人子弟学校的学生，广州海员工会劳动童子团团员。罗志群和邓金娣带领同学，给工人家属读报纸、讲时事；去食堂帮忙打扫卫生；到街上募捐，支持罢工工人；到车站和码头、车上和船上，去推销共产党办的刊物《向导》和《新青年》……

工会给她们做了新制服，成立了铜鼓队。每到示威游行的时候，她们头戴铜乐帽，身穿白衬衣、蓝短裤。在她们的衬衣上，有两个耀眼的红字“准备”。她们手里拿着一根木棍子，走在队伍的前头，队伍又整齐又威武。她们是光荣的劳动童子团团员，是党领导的第一代红领巾的光辉代表。

1927 年 4 月 12 日，蒋介石叛变革命，残酷杀害共产党员、共青团员和革命群众。许多工人宿舍被封了，许多工人领袖被捕了，许多共青团员和共产党员一样遭到敌人的逮捕、杀害。罗志群和领导自己的共青团失去了联系。她和邓金娣装扮成女学生，到处寻找组织，寻找亲人。有一天，她们在街上碰见劳动童子团的总秘书邓荣。邓金娣正想上前打招呼，邓荣却转过脸去，像是不认识她一样。罗志群心细，连忙拉住邓金娣。邓金娣十分不解：“好不容易找到一个领导人，怎么不打招呼呢？”罗志群痛苦地说：“他已落在了敌人手里，前前后后都有暗探跟着。他的脖子上还有血迹呢，他是怕我们受牵连啊。”

眼看自己的同志被捕、被害，她们心里是何等痛苦！但是她们没有忘记自己肩负的革命任务，而是继续做起宣传工作，揭露敌人的罪行，唤醒民众。她们买来纸和笔，写传单，然后装进竹篮里，趁人不注意，悄悄把传单散发出去。夜深人静时，她俩一个放哨，一个把传单贴到墙上……

有一天，她俩又去散发传单，不幸被敌人发现，被捕了。惨无人道的国民党反动派，并没有因为她们是女孩子而手软，而是对她们进行了审讯，逼她们说出党的秘密。她们严词拒绝，敌人就毒打她们，将她们的头往墙上撞，反复折磨她们，致使她们全身上下血迹斑斑，但她们始终坚强不屈，凶残的敌人无计可施，竟决定枪毙这两个女孩子。

在赴刑场的路上，两位小英雄仍不忘向群众宣传革命，反动军警就在一旁用棍子打她们。在天字码头，人群拥挤，罗志群和邓金娣继续高声演讲，并大声高喊：“中国共产党万岁！”丧心病狂的敌人向她们开了枪……

这两个劳动童子团团员为革命献出了年轻的生命。新中国成立后，邓金娣和罗志群被共青团中央授予“全国十大少年英雄”称号。

感品德

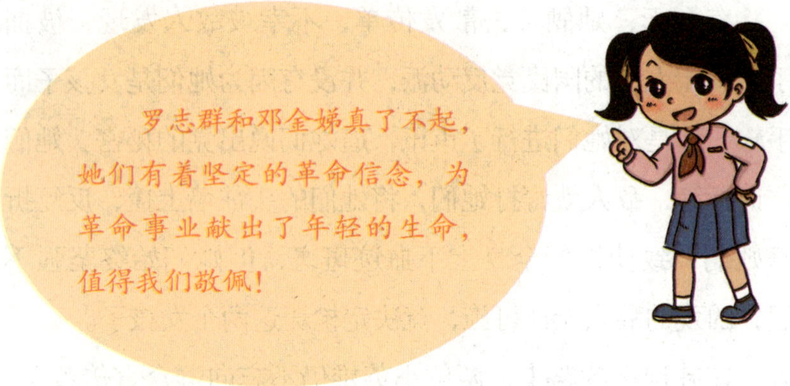

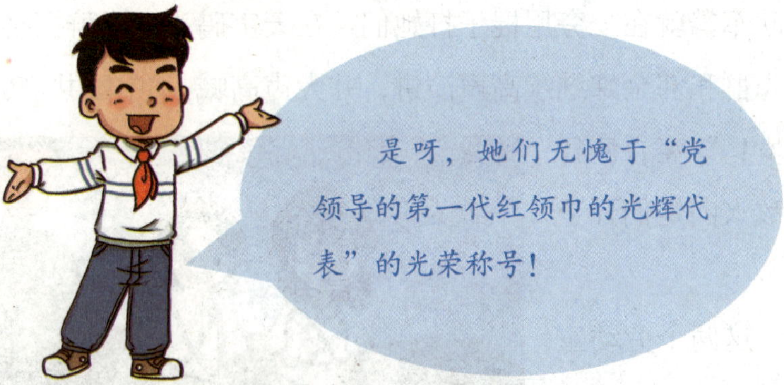

在行动

生活在新时代的我们应该有坚定的理想信念，爱党、爱国、爱人民，践行社会主义核心价值观，为红领巾增光添彩。

红色小歌仙

颁奖辞

她是一个积极参加革命的好少年；她是一个意志坚强的好少年；她以山歌做武器，同敌人进行斗争。她就是被人们称为“红色小歌仙”的少年英雄——张锦辉。

读故事

1915 年，在福建省永定县（今永定区）金砂乡一个贫苦农民的家里，一个可爱的小女孩出生了，父母给她起名张锦辉。她聪慧机敏，乐观坚强，嗓音清脆，以一首首脍炙人口的山歌做武器，来表达对黑暗旧社会的不满，并与土豪劣绅展开英勇斗争。

在中共地下党员的鼓励和支持下，她上了夜校。张锦辉非常珍惜这来之不易的学习机会，每次上课都认真听讲，学到了不少知识。她还懂得了革命的山歌就像革命的号角，于是想用歌唱的方式号召千千万万受苦受难的群众一起干革命。

1928 年，中共永定县委领导了震撼闽西的“永定暴动”，共产党领导贫苦的老百姓打土豪、分田地。这一年，13 岁的张锦辉加入了儿童团，她不但帮助大家站岗、放哨、送信，还加入宣传队，以动听的革命山歌为武器做宣传工作，走到哪里就把山歌唱到哪里。每一首歌都像火把一样，温暖了人们的心，为大家照亮了前进的道路，她成了远近闻名的红色宣传员，大家亲切地称她为“红色小歌仙”。

在革命斗争中，张锦辉迅速成长，并加入了共青团。有一次，宣传队奉命到西洋坪村开展工作，这是一个小山村，一条小溪把它分成两部分，东村是苏区，西村却是民团团总马炳生的巢穴。当时的斗争形势十分复杂，领导考虑到锦辉年龄小，不让她去，可她强烈要求一定要去。没想到，当晚突遇民团袭击，宣传队急忙突围，张锦辉跟不上队伍，不幸被捕。

张锦辉被关在阴暗潮湿的牢房里，敌人企图用佳肴、漂亮衣服、金钱收买她，没想到遭到她的痛骂。敌人暴跳如雷，把她吊在半空中，用皮鞭狠狠地抽打，她被打得血肉模糊，体无完肤，可始终咬紧牙关，意志如钢，宁死不屈，不透露半点消息。

敌人见张锦辉什么都不怕，无计可施，决定对她下毒手。1930 年农历四月十八是赶圩期，街上熙熙攘攘，张锦辉被敌人押往天后宫前，实施枪杀。她脚戴铁镣，面不改色，昂首挺胸，一边走向刑场，一边向赶圩的群众引吭高歌：

唔怕死来唔怕生，
天大事情妹敢担；
一生革命为穷人，
阿妹敢去上刀山。
打起红旗呼呼响，
工农红军有力量；
共产万年坐天下，
反动终归没久长！
…………

山歌就像无数把尖刀一样刺向敌人。刽子手举起了枪，年仅 15 岁的张锦辉为革命事业英勇就义，她动听的歌声随

着奔流不息的汀江永远流传。

1984 年 6 月，张锦辉被共青团中央评为“中国十大少年英雄”，她永远是青少年学习的榜样。

感品德

在行动

亲爱的队员们，我们也可以通过多种方式为我们的祖国、我们的学校做出自己的贡献，散发出自己的荣光，创造美好的明天！

抗日小英雄王二小

颁奖辞

他是一个放牛娃，他的歌声在山间回荡；他是一名儿童团团员，放哨报信，勇往直前。他面对日寇，机智勇敢，视死如归，用自己的生命，换回乡亲们的安全和八路军的全面歼敌。他就是我们的抗日小英雄——王二小。

读故事

“牛儿还在山坡吃草，放牛的却不知道哪儿去了……”这首《歌唱二小放牛郎》的歌曲以优美的旋律、感人的故事影响了一代又一代人，小英雄王二小的故事也传颂至今。

王二小，原名阎富华，河北省保定市涞源县人。一天，13 岁的王二小正在山坡上放牛，忽然发现一队日本兵进山扫荡。二小知道山沟里隐藏着八路军和乡亲们，他想：千万不能让日本兵发现他们，但是回去报告已经来不及了，怎么办呢？

二小冷静下来，想道：骑兵连就埋伏在石岭子上，如果能把日本兵引进埋伏圈，不但八路军和乡亲们不会有危险，而且还能消灭敌人，这不是一举两得吗？想到这里，二小故意暴露了自己。

一个日本兵一把抓住二小，说："小孩儿，你是干什么的？"

"我是放牛的。"

日本兵让二小带路，二小假装顺从，带着他们在山谷里转圈儿。狡猾的日本兵起了疑心，拔出军刀厉声喝道："你带的什么路？你想骗皇军！"

二小装作害怕的样子，说："没……没有，马上就到了。"

日本兵见二小害怕的样子，就相信了他，继续让二小带路。二小走在最前边，从西北沟钻了进去，把日本兵引向了八路军的埋伏圈。其实，这是一条死路，翻过巨石就到尽头了，两旁坡顶上埋伏着八路军。日本兵一下傻了眼，此时才知道上了二小的当。二小想趁敌人惊魂未定的时候向灌木林跑去，可就在这时，凶残的日本兵举起军刀向二小砍了过去：第一刀削去二小右手的5根手指，第二刀刺向二小的胸膛，二小被日本兵摔在了巨石上……这时，埋伏在周围的八路军的枪炮声四起，不到一袋烟的工夫，这股日本兵就被全部歼灭。

13岁的王二小用他还未来得及绽放的生命，为今天的孩子们换来了没有硝烟的幸福生活。他的一生虽然短暂，但他可歌可泣的动人故事却被千万人传颂，他的名字也将永远地铭刻在我们心中。

感品德

王二小面对敌人沉着冷静、有勇有谋、视死如归，他真是个小英雄。

在行动

我们在生活中遇见困难和危险的时候，应该怎么办呢？第一，沉着冷静；第二，勇敢面对。

“小萝卜头”宋振中

颁奖辞

襁褓未逝入囹圄，野狼成群路崎岖。
阴暗潮狭终不改，霉餐伴之度朝夕。
人间地狱多难苦，学习志坚勇真巨。
爱憎分明仇罪恶，弱小身躯迎风雨。

读故事

“小萝卜头”名叫宋振中，他8个月大的时候，爸爸妈妈被国民党反动派逮捕，他也被带进了监狱。“小萝卜头”终年住在阴暗、潮湿的牢房里，吃的是发霉发臭的米饭，长期营养不良导致他脑袋大、身子小，所以叔叔阿姨们都疼爱地叫他“小萝卜头”。

“小萝卜头”6岁了，到了该

上学的年龄，但在国民党那里他是“政治犯”，没有读书的资格。地下党支部经过研究，决定进行集体斗争——罢工和绝食，为“小萝卜头”争取上学的机会。最后敌人只好同意让“小萝卜头”学习，但只能在监狱里。难友们纷纷表示，愿意做“小萝卜头”的老师。就这样，一所特殊的“监狱学校”办起来了。

“小萝卜头”知道学习的机会来之不易，所以非常珍惜，不管遇到什么困难，每天都坚持按时上课，从不迟到。监狱里没有学习用的纸和笔，爸爸就把树枝削尖了给他当笔，妈妈把草纸省下来，订成本子给他用。有一次，他过生日，黄显声伯伯送给他一支铅笔，他高兴极了！只有在上课时他才会用这支铅笔，平时就用随手捡来的小石子在地上写。

后来，他们被转移到了渣滓洞。重庆是个“大火炉”，七八月份的天气热得让人喘不过气。但是，这丝毫没能影响“小萝卜头”对学习的热爱：他每天光着膀子，趴在地上不停地写呀、算哪。没有纸和笔，怎么办呢？妈妈就在床上铺了一层土代替纸，用一根长钉当笔，让“小萝卜头”在上面写写画画。

监狱的生活使“小萝卜头”从小就懂得许多道理，他对国民党反动派的罪恶行径深恶痛绝，对共产党人坚强不屈的精神充满敬佩。敌人觉得“小萝卜头”年纪小不懂事，就放松了对他的看管，他就利用这个优势帮助地下党传递信息。陈然叔叔要办《挺进报》，“小萝卜头”将黄显声伯伯从报纸上摘录的信息送到陈然叔叔那儿，陈然叔叔编发后，再由“小萝卜头”送到各个牢房。在监狱里，这张特殊的报纸使大家倍受鼓舞。每当大家商量事情的时候，“小萝卜头”就承担起站岗放哨的任务。

他机智勇敢，冒着生命危险，为大家传递消息；他热爱学习，向往自由，继承了共产党人的优秀品质，成为一个正直、善良、爱憎分明的好孩子。

革命胜利前夕，“小萝卜头”一家都被丧心病狂的反动派杀害了。“小萝卜头”的生命只有短短8个春秋，但他在监狱里做了许多成年革命者不能做的工作，为建立新中国做出了不可磨灭的贡献。正因为如此，重庆解放后，“小萝卜头”被追认为革命烈士。他是我国，也是世界上年龄最小的烈士。他的爱国主义精神，正是中华民族之魂，将永远激励着我们勇往直前！

感品德

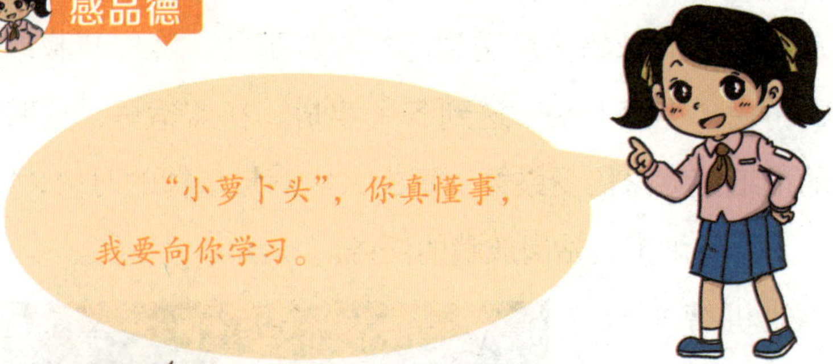

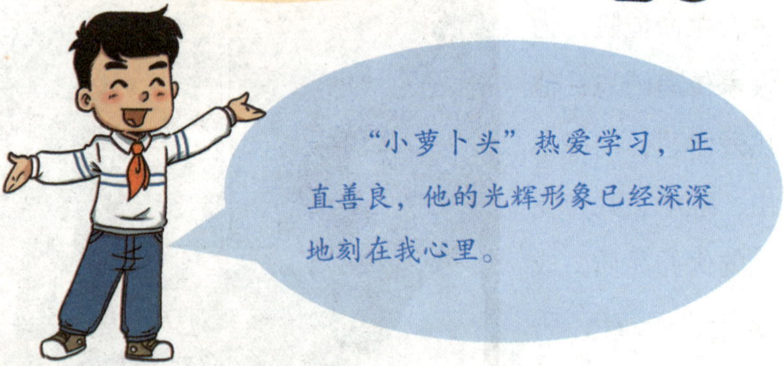

在行动

我们应该珍惜今天来之不易的幸福生活，刻苦学习，长大为祖国做贡献。

生的伟大，死的光荣

颁奖辞

“生的伟大，死的光荣”是伟大领袖毛主席对她的评价。“英雄浩气传千古，胡兰精神照后人。”她信仰坚定，视死如归，她的革命精神永远激励着一代又一代人奋勇前进。

读故事

“生的伟大，死的光荣”是毛主席对她的赞誉题词，她就是优秀的共产党员、巾帼英雄、人民的好女儿——刘胡兰。她光辉的名字和感人的事迹闻名全国。

刘胡兰出生在一个贫苦农民的家庭，她从懂事起便对黑暗的旧社会很不满。抗战爆发后，随着中国共产党领导山西人民开展救亡运动的逐步深入，文水县高举旗帜，成立了抗日民主政府。刘胡兰开始逐步学习革命道理。

刘胡兰积极加入村里的抗日儿童团，和同伴们一起为八路军站岗放哨、送情报。有一次，敌军的一个团被八路军包围了，她和几名女民兵毫不犹豫地到前线进行支援，为战士们运送弹药、包扎伤口……一直忙到天黑，战斗结束才撤回来。此时的刘胡兰只有13岁。

1947年1月12日，天阴沉沉的，寒风呼啸。云周西村被国民党反动派的军队包围了，由于叛徒的出卖，刘胡兰不幸被捕。

敌人在刘胡兰面前用铡刀残忍地杀害了和她同时被捕的6位同志，企图让刘胡兰害怕、屈服。

“你看见他们的下场了吗？只要你保证今后再也不当共产党员，就放了你！”

“要杀要砍由你们，怕死不是共产党员！”刘胡兰义正词严地回答道。

刘胡兰被敌人打得遍体鳞伤，鲜血直流，但她坚贞不屈，大义凛然。

刘胡兰迎着呼呼的北风，深情地望着亲人，踏着同伴的鲜血，从容地走向铡刀。那年她才 15 岁。

刘胡兰用视死如归的精神诠释了对共产主义理想的坚定信心，以短暂的青春谱写出永恒的诗篇。

感品德

在行动

我们要在困难面前不低头，磨炼意志，掌握各项本领，为祖国美好的明天而努力奋斗！

第二单元

新中国成立至
改革开放前的少年先锋

新时代
少先队员

草原英雄小姐妹

颁奖辞

她们是“最鲜艳的花朵”，绽放在美丽的大草原上；她们是“草原英雄小姐妹”，不顾危险，守护羊群，维护了集体利益；她们临危不惧、机智勇敢，富有高度的责任心。她们就是“草原之花”——龙梅和玉荣，她们的事迹深深地感动着我们。

读故事

美丽的内蒙古大草原上有两个可爱的小姑娘——11 岁的姐姐龙梅和 9 岁的妹妹玉荣。两姐妹聪明伶俐，懂事乖巧，一有空就会帮着生产队放羊、理羊毛、清理羊圈，常常乐此不疲。

1964年2月9日，春节前夕，一场突如其来的暴风雪打破了两姐妹平静的生活。那时的内蒙古草原正值寒冬，两姐妹利用假期自告奋勇地为生产队放羊。她们赶着公社的384只羊在草原上放牧。

中午时分，天空突然变暗，西北风呼啸而来，低垂的云层立刻砸下一片片鹅毛大雪，怒吼的狂风席卷着飞扬的雪花，刮在脸上像刀割一样疼。霎时间，白毛风吞没了茫茫的草原，暴风雪来了！龙梅和玉荣看着眼前的暴风雪，心中只有一个念头：羊，一只也不能丢！现在只有拢住羊群，跟着羊跑，才能避免它们被暴风雪吞没。于是，她们急忙拢住羊群，往回赶羊。但是狂风暴雪就像一道无形的墙，阻挡着羊群的归路，受惊的羊群来回乱蹿。在这关键时刻，龙梅对妹妹说："快去叫阿爸帮咱们拦羊！"玉荣听了姐姐的话，立刻掉转方向，顶着风雪拼命地跑。风雪一下子灌进她的嘴巴里，她呼吸变得更加困难。玉荣没跑多远就栽倒了，她顾不得身体疼痛，赶紧站起来回头看，姐姐一个人在暴风雪中，左手拿着羊鞭，右手甩着脱下来的皮袄左右拦挡。没有自己这个帮手，羊群越发乱了。玉荣当即决定不去叫阿爸，马上返回羊群，她一边挥动着小皮帽，一边不断地喊着。此时此刻，如果两姐妹放下羊群往家跑，是能够安全躲过这场暴风雪的，但是她们放弃了。就这样，两个孩子冒着生命危险与暴风雪搏斗着。

龙梅和玉荣拦挡一阵，跟着羊群跑一阵，再拦挡，再跟着跑……不知道拦了多少次，也不知道跑了多长时间，总算把散乱的羊群聚在一起了。夜晚，暴风雪更加疯狂起来，它号叫着，吞噬着草原上的一切。两姐妹凭借着地上积雪映出的微光识别羊群，羊“咩咩”地叫着，在狂风的呼啸中朝东南方向狂奔。在紧紧追赶羊群的时候，姐妹俩怕失散，便机智地相互高喊道：“龙——梅——”“玉——荣——”用熟悉而亲切的呼喊声温暖彼此，互相打气。天终于亮了，姐妹俩与暴风雪整整搏斗了20多个小时。寒冷、恐惧、饥饿、疲劳向两姐妹袭来，玉荣晕倒在雪地上，奄奄一息，姐姐龙梅挑战着身体和心理的极限，跟着羊群一点一点艰难地向前挪动。

“龙——梅——”公社书记和铁路工人到了！龙梅看到大家，露出了一丝微笑，说：“羊，一只也没少！”说完这

句话，她就晕倒在地。羊群得救了，但是两姐妹在与暴风雪的搏斗中留下了终身遗憾：龙梅失去了左脚拇指，玉荣右腿膝关节以下和左腿踝关节以下做了截肢手术。

感品德

在两姐妹身上，我看到了以集体利益为重，舍小我、为大我的精神品质，这非常值得我学习。

我被龙梅和玉荣遇到暴风雪时果断留下保护集体财产的行为深深感动着，尤其是姐妹俩在紧要关头表现出的机智勇敢和顽强拼搏精神，更值得我学习！

在行动

当个人利益和集体利益发生冲突时，我们应该怎么取舍呢？我们要以大局为重，以集体利益为重。

少年英雄何运刚

颁奖辞

敢学黄继光，拿胸膛去堵敌人的枪眼；敢做刘文学，宁死保卫集体财产。他就是勇斗歹徒、保卫集体利益的少年英雄——何运刚。

读故事

20世纪70年代，四川省梁平县（今属重庆梁平区）有一位少先队员何运刚，他从小就十分崇拜英雄，用压岁钱买了自己心心念念的写有刘文学事迹的书，立志要向刘文学学习。从那时候起，一颗向英雄学习的种子开始在何运刚的心里生根发芽。

何运刚受父亲的影响比较大。他背起书包上小学时，父亲就意味深长地摸着他的头，教育他说：“孩子，穷人在旧社会吃尽了人间苦，是共产党领导我们翻了身，当家做了主人，你可要听党的话，听老师的话，好好读书，不能忘本呀！”何运刚默默点点头，这些话激起了他对党的无比热爱之情，促使他下定决心为国家、为人民效力。

何运刚是个懂事的孩子，为了减轻家里的负担，他一边上学，一边给队里放牛。1978 年 1 月的一个夜晚，何运刚像往常一样在家学习。突然，他听到有人喊：“何运刚，有人偷牛草了！”原来是劳改罪犯陈永祥潜逃到梁平县城关镇群益四队偷盗生产队喂牛的谷草，准备在空瓦窑内潜藏过夜，被几个小孩子发现了。他们一边追赶坏人，一边派人给何运刚报信。何运刚立即赶往现场。罪犯陈永祥害怕暴露身份，仓皇逃跑。13 岁的何运刚不顾当时雨雪交加、天黑路滑，只身跟踪追捕。他先是在一块红花草地里追上了罪犯，同罪犯展开了激烈的搏斗。奈何何运刚力气太小，罪犯陈永祥挣脱逃跑了，但何运刚怎会就此放

弃呢？何运刚穷追不舍，终于在20米外的地方第2次抓住了陈永祥。何运刚在这里同罪犯扭作一团。何运刚受伤了，罪犯再一次逃跑。何运刚告诉自己：“一定要抓住他，一定不能让他跑了！”在70米外的一块油菜田里，何运刚第3次抓住罪犯，进行了最后的殊死搏斗。他紧紧抱住罪犯的腿，高喊：“来人啊，捉到强盗了！捉到强盗了！”罪犯陈永祥用手捂住何运刚的嘴，恶狠狠地威胁道：“你再喊，我就整死你！”何运刚依然紧紧地抓住对方，始终不放手，终因力不胜敌，为保护集体财产、维护社会治安英勇地献出了自己的生命。

罪犯陈永祥最终也没能逃出法网，在广大群众的搜捕下被擒。

感品德

从何运刚的故事里，我学到了心中要有集体、集体利益高于一切的道理。

我被何运刚身上的勇于同敌人作斗争的精神深深感动。我们要明辨是非，敢于同邪恶势力作斗争。

在行动

当我们遇到邪恶势力时，应该怎么做呢？我们要用自己的智慧勇敢地同他们抗争！

舍己为人吕锡三

颁奖辞

善良富有爱心、友爱富有同情心、自信富有进取心、勇敢富有责任心，这就是“锡三精神”。吕锡三的英雄事迹感染着一代代学生。

读故事

吕锡三是湖北武汉人。1959年6月的一天，雨过天晴，少先队员吕锡三和同学们一起从熊家台后面赶往青少年宫。接连几天的暴雨淹没了这一带的藕田、田埂和低处的小路，人们走在路上，根本分不清哪里是田，哪里是路，到处是一片汪洋。

“救命啊！救命啊……”突然，一阵紧急的呼救声从竹篱笆那边传过来，紧张的气氛立刻笼罩在孩子们的心头。他们慌忙向着呼救声奔去，吕锡三跑在前面。他忘记了危险，涉着齐腰深的水越过篱笆，看见黄孝河的水面上有两个人时

隐时现："不好，有人落水了！"他一个箭步冲到河边，看见两个孩子正在水里拼命挣扎，危在旦夕！水深岸陡，任凭他们怎么努力都无法上岸。眼见河水就要吞没两个孩子，吕锡三情急之下跳进了水里，他忘记了自己不会游泳，也忘记了水有多深。入水后，他把两个扭在一块儿的孩子分开，左手稳稳地撑着一个孩子的腰，奋力把他推向岸边，岸上的同学立刻把这个孩子拉了上来。这时候，吕锡三的右手继续用力顶着另一个小孩，使他不至于沉下去。当第一个孩子被同学们拉上岸的时候，水里的孩子由于害怕，用双手紧紧缠住吕锡三的身体。这个孩子不仅年龄比吕锡三大，而且个子比吕锡三高，吕锡三根本无法使劲儿。这个孩子越是害怕，越是拼命挣扎，慢慢地，他们一块儿沉下去了。岸上的同学急得团团转，一个同学试着下水，上身紧靠岸边，想用脚捞住他们，可是水深岸陡，哪里站得住脚？同学们又尝试着去拔树，鲜活的梧桐树长得那样结实，怎么拔得掉？河水无情，渐渐吞没了两个鲜活的生命……

最后，在渔民的帮助下，大家把吕锡三托了上来。13 岁的吕锡三双目紧闭，脸色异常宁静——死神无情地夺走了这个宝贵的生命。舍己救人的少年英雄吕锡三，光荣地牺牲了。

感品德

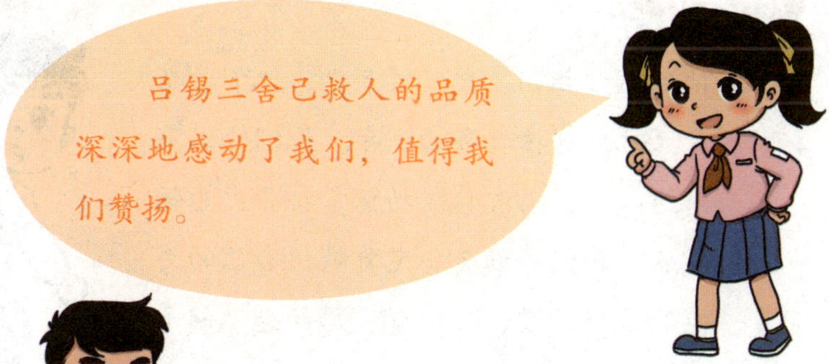

在行动

当我们看见别人处于困境中时，应该怎么做呢？我们要在保证自身安全的前提下拼尽全力去帮助别人。

七个小英雄

颁奖辞

他们热爱祖国，热爱共产党，他们是新中国成立时期智擒特务的少年。他们分工有序，团结一致，用智慧成功擒拿特务，为保护人民财产和维护社会安定贡献出自己的力量。他们是刘钟琪、程绍贵、司幼光、胡承志、赵克瀛、杨春生、李华。

读故事

1951 年 5 月 6 日下午 4 点，天津市第一区罗斯福路中心公园异常宁静，阳光落在嫩绿的树叶上，树叶格外光洁可爱。站在公园里，可以看到远处巍然矗立的渤海大楼。与这美丽景色不和谐的是，有两名特务正在密谋纵火、暗杀，而他们的谈话恰好被两名小学生听到了。于是，第二天这里上演了七个小英雄智擒特务的精彩一幕。

小学三年级学生胡承志和何永森结伴在街上快乐地玩耍，突然看见靠近保险公司的一段围墙的墙根处坐着两个鬼鬼祟祟的男子，他们戴着八角帽，嘀嘀咕咕的，还四处张望。两名同学觉得这二人行为非常可疑，于是设法靠近他们。但两名同学一靠近，他们就立刻停止谈话，并恶狠狠地瞪着两名同学。胡承志和何永森只是隐约听见他们说“放火”“杀掉他”“今晚你们就放手去干吧”，这些话让两个同学立即警觉起来。他们想起自习课上老师给他们读报，讲到现在特务活动很猖獗，心想：这两个人是不是特务？如果是，我们得想办法抓住这两个坏家伙。正在这时，那两个男子突然站起来向外走去，两名同学急忙跟了上去，但那两个男子拐来拐去，很快不见了踪影。

第二天来到学校，两名同学把在公园里见到的两个男子的异常行为一五一十地告诉了班长程绍贵。班长机警地说：“我们一定得想办法把这两个特务逮住，以免他们造成更大的破坏！”大家商定：今天同一时间，还到公园去等他们。去七个人，两个人把门，两个人到墙外打探他们的谈话内容，三个人假装做游戏设法接近他们。大家还约定了暗号：伸一个手指是没有事，伸两个手指是快来人，攥拳头是赶快集合，摆手是快去报告派出所。

放学后，胡承志等七名同学直奔公园。他们按部就班，耐心等待，果然，那两个人又来了！

一切按照计划行事，孩子们马上散开，各就各位。三名佯装做游戏的同学，一边说笑着，一边扔石子，悄悄接近那两个家伙。不知谁扔的一颗石子恰巧击中了其中一个特务的鼻子，也许是正在密谋，那个特务竟没有发作。就在这两个特务旁边，同学们玩起了“天下太平”“枪毙白面大老虎”的游戏。这时，在墙外的两名同学已将耳朵贴在了墙眼上。只听一个特务对另一个特务说：“共产党表面上不错，背地里就把你害了！咱们到北京某某大学去，那儿有和咱们一块儿的，找他一块儿放火，杀共产党员，多造谣言。先给你100万当本儿，事成之后给你大数！”玩游戏的同学

看见其中一个特务拿出了一沓钞票。

听了这话，墙外的同学判定，这两个家伙肯定是特务，于是急忙跑到公园里通知其他人。为了再次证实二人的身份，胡承志跑到他俩面前故意问道：“同志，我不知道抗美援朝是怎么回事，朝鲜战局怎么样，你给我讲讲好吗？”戴帽子的家伙听后，用贼溜溜的眼睛向四周看了看，说：“过来！我告诉你，志愿军都退了，联合国军队都打到鸭绿江江边上来了！”听了这话，胡承志立即悄悄地向同学们摆了摆手。一名同学看到暗号后，立即向派出所跑去，剩下的人留下来继续监视。

一会儿，其中一个特务站起来准备走，同学们见公安人员还没到，就跟着他们，结果，在公园出口处，同学们与及时赶到的公安人员一起将两个特务抓获。

感品德

从小学先锋

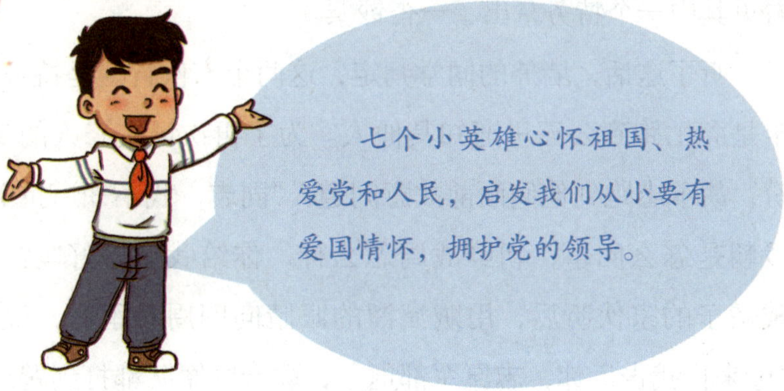

在行动

当我们看到有人损害国家利益时应该怎么做呢？我们要用智慧同违反国家意志的行为作斗争。

共和国的瑰宝
——戴碧蓉

颁奖辞

她临危不惧，无畏险情；她舍己救人，用身体的残疾换来三个家庭的圆满。但身体的不完美并没有打垮她，反而让她凭借坚强的意志传递着正能量，用行动诉说着什么是无怨无悔。她就是共和国的瑰宝——戴碧蓉。

读故事

戴碧蓉，1957 年出生，湖南省汨罗市人。1968 年 9 月 14 日，11 岁的戴碧蓉在株洲火车站调车场旁边挖野菜，与

此同时，有三个孩子正低头在铁轨上兴致勃勃地玩耍，然而他们并不知道，死亡的魔爪正在悄悄伸向他们：有一趟列车正顺着斜坡往下溜。在这危急万分的时刻，戴碧蓉冲向轨道，首先将一个不满 6 岁的男孩儿飞快地抱出来，转身又冲上轨道把一个不满 4 岁的女孩儿抱出来。此时，列车距离铁道上的另一个小男孩只有两三米远了。危急时刻，她来不及多想，顾不得安危，奋不顾身地向前冲去，使出浑身力量艰难地将小男孩推出轨道。就这样，小男孩与死神擦肩而过，侥幸逃过一劫，而戴碧蓉却被列车无情地碾过，永远失去了左臂左腿，造成终身残疾。戴碧蓉舍己救人的感人事迹很快传遍全国，她成了誉满全国、舍己救人的小英雄。

随后，戴碧蓉到北京参加国庆 20 周年典礼，她和“草原英雄小姐妹”中的龙梅一起，受到了毛泽东主席的亲切接见。戴碧蓉还参加了盛大的国宴。参加完国宴的当晚，周恩来总理把她接进中南海。总理把她抱在腿上，亲切地询问她的伤情，问她致残后如何生活，今后有哪些想法。睡觉前，总理还亲自为她打洗脚水，并帮她脱了鞋袜，将她的一只脚放入温热的水中。望着总理慈祥的面容，她差点儿落下泪来，更加深刻地体会到“英雄”两个字的沉甸甸的分量。她想，虽然自己身体残疾，但是还有这么多人关心着自己、爱护着自己，如果有选择，她还是会义无反顾地冲上去营救那三个孩子！

之后，戴碧蓉并没有被身体的残疾打倒，而是默默承受着这突如其来的一切。为了更好地生活，她学会了很多生活技能，站立、走路、打理头发、自己照顾自己、完成学业……她一样也没落下。

感品德

在行动

生活中我们会遇到各种各样的困难，如果是你，你会选择怎样面对呢？我们要勇敢地直面困境，用坚强的意志克服一切困难。

第三单元

改革开放前期至
二十世纪末的少年先锋

新时代
少先队员

舍己救人的小英雄雷素

颁奖辞

她有一个平凡的名字，她有一颗纯洁的心灵；她用一条短暂的人生路，谱写了一曲动人的歌，铸就了十三岁的永恒。她是新时期的少年英雄，她舍己救人的行为是中华民族精神的体现，她是我们心中一颗耀眼的星。她就是小英雄——雷素。

读故事

1999年7月2日下午，家住巩义市站街镇北窑湾村的雷素，像往常一样和几个同学一起放学回家。

雷素在站街一中上初一，她上学和放学的那条必经之路紧挨着陇海铁路。那天，雷素和伙伴们在铁路边一边走着一边说笑着，开心得像快乐的小鸟。当他们走到闫沟村时，忽然看见前方有一个80多岁的老大爷正在慢吞吞地穿越铁路。而他身后，一列由北京开往重庆的特快列车正风驰电掣般驶来，死神正在一步一步地向这位老人逼近。所有看到的人都惊呆了，护道工吓得连跑带喊："火车来了，别过铁路！火车来了，别过铁路……"路人也帮着大喊："老大爷，老大爷，有火车，有火车……"雷素和几位同学提高嗓门不停地大喊："危险！危险！大爷快让开！大爷快让开……"

可老大爷不知道是耳聋还是别的什么原因，任凭人们把嗓子都喊哑了，他竟没有丝毫躲闪。面对逼近的火车，老大爷毫无察觉，继续向前迈进。这时，火车刺耳的刹车声响起，每个在场的人都攥紧了拳头，心也一下子提到了嗓子眼儿，一场惨剧即将发生。

小伙伴们一个个吓得目瞪口呆。雷素把书包往边上一扔，箭一般地冲上铁路，一把将老人拉过铁轨。只听"咚"的一声闷响，雷素被列车强大的风力抛在水泥桩上，又被狠狠地反弹回来，摔倒在铁轨旁。人们吓呆了，连忙跑过去，只见这个身体瘦弱的女孩儿躺在地上紧闭着双眼……医生赶来了，经检查，雷素头部因撞击严重受伤，当场死亡。她的生命永远定格在13岁。

火车带着惯性又冲出去很远，终于停了下来。这个80多岁的老大爷，由于雷素的英勇举动得救了！列车长、火车司机下车查看情况后，停车三分钟向这位小英雄默哀，并对着雷素的遗体敬礼。

时光荏苒，雷素离开我们已有20余年。现如今，在中原大地上依然流传着小英雄雷素的故事，她舍己救人的精神将永放光芒！

感品德

在行动

在生活中，遇见困难和危险的时候，我们也要临危不惧。

无臂女孩儿成洁

颁奖辞

面对突如其来的厄运，她没有退缩，而是以比钢铁还坚强的意志战胜了自己，战胜了命运，让生命之花绽放！她就是无臂女孩儿成洁。

读故事

成洁，四川省南江县人，四川省巴中市南江县八庙乡中学初二学生，是身残志坚的中国少年先锋队队员。

1985年3月11日，在四川省北部大巴山山麓腹地的南江县高塔乡，厄运降临在年仅9岁的农村女孩儿成洁头上。一天，在好奇心的驱使下，为了接近

一只有彩色羽毛的小鸟，成洁尾随其走到变压器旁，失足滑倒在高压线上，高压电流立刻将她击倒……成洁在持续昏迷中，父母望着她那被烧焦的胳膊和被烧得畸形的手指，不禁潸然泪下。医生为挽救这个孩子的生命，截去了她的双臂。

命运对这个仅仅 9 岁的小女孩儿开了一个如此大的玩笑，成洁不能去自己喜爱的学校读书了，不能和可爱的小伙伴一起玩耍了，生活不能自理了，一切的一切都得靠父母。这犹如晴天霹雳，让所有人措手不及。她的父母由于心疼女儿，经常偷偷落泪。

9 岁的成洁并没有被厄运击溃。从最初号啕大哭，到随后默默走上与厄运抗争之路，身残志坚的成洁经受了巨大的悲伤与痛苦，克服了常人难以克服的困难。父亲为了鼓励女儿，背着她去看“万能脚”的表演。“万能脚”以脚代手，表演打鸡蛋、穿针、打扑克、箍桶，他的两脚动作灵巧，犹如手一般。这位先天性上肢瘫痪的表演者娴熟的双脚演出震惊了她，更让她明白：灾难可以毁掉人，也可以锻炼人。虽然自己没有手，但还有脚，有健全的头脑。

有一次，成洁想喝水，可旁边没有人，她只好挣扎着起来，用嘴去咬杯子，结果杯子没咬住，自己却从床上摔到地上，摔得鼻青脸肿，双臂的伤口也裂开了，鲜血渗出，撕裂般的疼痛不断袭来。可是，她没有喊一声“疼”，也没有掉一滴眼泪，而是忍着剧痛，从地上慢慢地站起来，心中涌出一个坚定的信念：我要练脚！我要练脚！我要自己料理自己的生活！

从练习用脚取物，到能用脚潇洒地写出漂亮的字，这个过程充满常人难以想象的艰辛。自从失去双手之后，成洁的双脚就告别了袜子，即使在数九寒天也得赤脚；为了使双脚不生冻疮，成洁冬天也坚持用冷水洗脚。为了扩大脚趾张力方便取物，她在双脚大脚趾和二脚趾间塞上一团棉花，双脚不到一小时就胀痛难忍，母亲心疼地抱住她，说：“女儿，如果实在疼得受不了，就哭出来吧，这样能好受一点儿。”可是她说：“妈妈，我不疼！妈妈，我不疼！我能行！”她每天反复练习压腿和用脚拔草，很快就能用脚流利地书写，还会用脚吃饭、刷牙、梳头、洗衣服……

成洁生病期间，不仅练习用脚料理自己的生活，还在老师、同学的帮助下补上了所有的功课。秋季开学，失去双臂的成洁背上书包，重新回到了朝思暮想的学校。成洁的伤口化脓，长期肿痛，母亲要她停学治疗，但顽强不屈的她坚持上学，有时疼得厉害，就用膝盖紧紧顶住伤口。冬天，她那双裸露在外的脚经常冻得开裂、流血，但这一切都不能阻止她像正常孩子那样学习。

在县里的一次统考中，成洁用她那双冻裂流血的脚与同学们一起做考试题。结果，在全乡几百名考生中，她的成绩名列前茅。1988 年 5 月，在南江县举行的首届残疾人运动会上，她获得了女子跳高第一名的好成绩。

一个失去双臂的女孩儿用双脚书写了自己壮美的人生。她感动着无数人，影响着无数人！

感品德

通过读故事，我们看到一个不向厄运低头的、坚强的女孩儿。

成洁，不向命运低头，坚强勇敢，身残志坚，她的精神值得我们学习。

在行动

在学习和生活中，遇见困难的时候，我们应该怎么办呢？我们要带着微笑勇敢地面对生活，克服困难。

雷锋式的少年英雄黄淑华

颁奖辞

她是一名优秀的少先队员，用生命映红了队徽。当同伴落入海中，她努力托举，把生的希望留给伙伴。她就是雷锋式的少年英雄——黄淑华。

读故事

黄淑华，女，福建省漳州市漳浦县六鳌镇人。1981 年 3 月 29 日这天是星期天，阳光明媚。

吃过早饭，13 岁的三年级少先队员黄淑华叫上小伙伴林茶凤、林三兰，一起向旧镇港的前江海滩走去，准备捡点麦泥螺。

她们三个有说有笑地向海边跑去。前江的海滩上满是细小的沙子，一脚踩上去就像踩在松软、舒适的地毯上。在阳光的照射下，前江水面波光粼粼。

三个小伙伴手拉着手走向水中，开始搜寻麦泥螺。一个，两个……正当她们为自己的收获高兴时，突然，一个伙伴脚下一滑，在齐腰深的水中晃了一下，还没等另两人反应过来，三人就一起滑入一条七八米宽、两米多深的港汊中。她们用手奋力地划水，试图向海边游去。可是，任凭她们怎么用力，都不能前进一步。她们一起一伏，肆虐的海水似乎想把她们吞没。才学会游泳的黄淑华见状不妙，不顾自己的安危，用力把一个伙伴托起，顺着水流把她推到浅水区，随后顾不上休息片刻，又返身去救另一个伙伴。海水好像在故意跟她们作对，紧紧地抓着她们不放。一次，两次……黄淑华都没能成功。此时的黄淑华已经筋疲力尽，但仍咬着牙顽强地用自己的身体一次又一次将伙伴顶起，直到将伙伴推上岸滩。黄淑华使尽全身的力气，先后将两个小伙伴救起，自己却因筋疲力尽，被无情的海浪吞没，生命永远定格在 13 岁。

为表彰黄淑华的英雄事迹，福建省人民政府追认黄淑华为革命烈士，团省委授予黄淑华“优秀少先队员”的光荣称号，并在烈士家乡竖立“黄淑华烈士纪念碑”。

感品德

在黄淑华身上，我看到了舍己为人的精神。

我们在赞美黄淑华舍己为人的精神时，也要看到她不轻言放弃的品质。

在行动

当我们在学习和生活中，遇见他人有困难、有危险的时候，应该怎么办呢？我们要机智勇敢，向他人伸出援助之手。

锲而不舍的兰珍妮

颁奖辞

她生活在一个无声的世界里，却像兰花一样具有顽强的生命力，具有锲而不舍的毅力、向上生长的活力。她让阳光照进心灵，更温暖着身边的人。她就是聋障动漫画家——兰珍妮。

读故事

1987年，兰珍妮出生于山东省济南市。然而，谁也未曾想到，珍妮两岁时因患感冒，注射庆大霉素后中毒，导致感音神经性耳聋。可爱的珍妮一下子跌进了无声的深渊。

为了让珍妮得到最好的治疗，全

家人千方百计地寻找医院。他们经过多方打听，终于获悉济南中心医院有一所聋儿语训班，那里可以教珍妮说话。这令人振奋的消息，又使珍妮父母燃起一线希望。

可是，语训的道路并没有我们想象得那么平坦。白天，珍妮在医院里参加语训，晚上在家里由妈妈接着进行语训。年幼的珍妮根本不知道说话的意义，妈妈说破了嘴皮，说哑了嗓子，她还是瞪着茫然的眼睛，发不出任何声音。尽管如此，妈妈始终没有放弃对珍妮的训练，上百次、上千次地教她。珍妮越来越能感受到妈妈的爱，也越来越配合妈妈进行训练。“梅花香自苦寒来”，经过长达5年的艰苦语训，珍妮终于能喊出“妈妈”了！

珍妮到了入学的年龄，爸爸妈妈想让她在普通小学就读。于是，在区教委的安排下，兰珍妮到了经二路小学。珍妮学习非常刻苦。课堂上，她睁大双眼，全神贯注地观察老师的口型、手势和表情，努力用眼睛“听”老师讲课的内容。学拼音的时候，有时看不清老师的发音，她就把手放在老师的喉咙上、鼻子上，通过触摸学习发音。在学校里学不会，她回到家里接着学。如发“g”的音时，妈妈让她含着一口水，仰着脖子发音，可嘴里的水不是吐了就是咽了。在不断地吐、咽中，珍妮终于发出了“g”音。

由于生活在无声的世界，无法用语言表达自己的感受，她就用画笔画出她所看到的一切。她把每天看到的事物、知道的故事，都进行一番“创作”。从此，手中的画笔成了她表达情感的另一种方式。珍妮的画作先后荣获“中国少年儿童美术大赛”一等奖、山东省儿童绘画比赛一等奖等多次奖励，被授予“济南十佳小画家”“济南小名士”等称号。

珍妮在爱中成长，同样用爱回报社会。1998 年 5 月，她荣获“宋庆龄奖学金”。从北京回来后，她就把奖学金 500 元全部捐给了特困的同学。2001 年，她把在泉城广场义卖绘画作品所得的 27000 元捐给失学儿童和希望工程。她坚持进行绘画创作、义卖等，爱心行动从未停止。

如今，兰珍妮以优异成绩从中央美术学院毕业，成为一名动漫画家，创造了听障人能正常交流且事业有成的奇迹。

感品德

兰珍妮自强不息、奉献爱心的不平凡事迹，值得我们学习。

我们要学习她不向命运低头的精神，勇于挑战自己，创造奇迹。

在行动

不抱怨命运的不公，不抱怨生活的不易，脚踏实地，去战胜一个个困难，我们也会创造生命的奇迹。

全面发展的黄思路

颁奖辞

她能成为一个全面发展的好学生，靠的是自制力，靠的是毅力。她就是品学兼优、全面发展的黄思路。

读故事

黄思路，1982年生于福建省福州市，是一个自制力很强的孩子。她3岁就开始学钢琴，虽然年纪小，但每次都是她一个人到钢琴老师家上课，总能很好地完成任务。回家后，她也是一个人练琴。小小年纪的她懂得：只有功课做好了，才能玩得更快乐。

上小学后，她并没有放弃自己

的兴趣爱好。她喜欢丰富多彩的生活，每天都跳舞、弹琴，10 岁便通过钢琴十级考试，多次在各种钢琴比赛中获奖。黄思路并未就此停住脚步，而是通过钢琴，走向一个更加宽广的舞台——她考取了福州市中学生交响乐团。

黄思路兴趣广泛，除了钢琴之外，她还学会了跳舞、表演、游泳、溜冰、射击、打羽毛球、吹口琴、弹吉他、敲架子鼓等。她的外语水平更是非同一般，小学时，她就可以与美国小朋友用英语流利地交流。不仅如此，她还担任过福建电视台《校园频道》栏目的记者、主持人，主演了电视剧《心在呼唤》。

黄思路获得了众多荣誉，但她依然不骄不躁，迈着自信而坚定的步伐前进。17 岁时，她考取了美国爱斯本音乐学校，并获得了全额奖学金。她将在那里继续学习音乐知识，弹琴、练琴。在办理好出国手续之后，黄思路做的第一件事便是去商店买了一面国旗与一枚国徽。她要把这面国旗插在美国学校的宿舍里，她要戴着中国国徽走在美国的土地上，她要让美国人知道自己是一个中国人，她为自己是一个中国学生而骄傲。她在日记中写道：“我特别崇尚正义的事业，所以喜欢当警察、记者、法官，总之做个好人。我要对天下的小朋友说的话是：我是中国人，我永远爱自己的祖国。”在这所学校学习的 3 个月里，黄思路写下

了 80 篇精彩的日记，记述了她的生活情况、学习情况以及身边性格各异的同学。她将打动自己的一个个真实的生活片段连缀在一起，写成了一本书——《十六岁到美国：一个中国女生的美国日记》。

高中时期，黄思路平均每晚只睡四五个小时，她将自己的时间和精力都放在了学习上。成功不会辜负那些努力的人，黄思路如愿以偿地踏入了北京大学的校门。进入北大后，她不仅用知识继续充实自己，通过自己坚持不懈的努力，取得了国际政治、经济学以及艺术学三个学士学位，还锻炼自己的能力，担任学生会会长以及文学创作社社长。2006 年，她考取美国常春藤盟校哥伦比亚大学，2008 年获艺术管理硕士学位。

感品德

当我们看到别人取得优异成绩、获得各种荣誉的时候，也要看到他们付出的努力。

只有默默地、持之以恒地付出和努力，才能有收获。

在行动

在星星火炬的照耀下，我们要努力学习各科文化知识，锻炼各项技能，如此我们也能成为全面发展的优秀少先队员。

“小创客”周林

颁奖辞

充满好奇，积极探索，潜心发明，富有成果。在他的小脑袋里装满“为什么”，并且他努力将“为什么”变成“是什么”。他就是“小创客”——周林。

读故事

在河南省安阳市人民大道小学，曾经有一个叫周林的学生，他可是个不简单的人物呢！

小时候的周林特别爱问问题，凡是他不理解的东西，都要问个清楚、弄个明白。他常常缠着大人们问个没完没了，比如：飞机为什么能在天上飞？轮船为什么能在海里游？蝴蝶不吃饭为什么能活？周林的爸爸给他买了一辆电动玩具汽车，周林为了探个究竟，竟把这个玩具拆得七零八散，最后终于搞清楚了玩具中的“秘密”。从那以后，父母给他买的玩具，他都要逐件拆开弄明白。为了继续鼓励他，爸爸专门给他买了一套小型号的维修工具，一有时间，他就捧着自己的玩具研究起来，很快，他成了小朋友中有名的“机械师”。不管是谁的玩具生“病”了，都要请他去“医治”，也正因为这样，他很好地掌握了玩具车的构造和制作原理。在学校举办的四驱车大赛上，周林自己组装的四驱车在大赛中大展风采，周林最终夺得冠军。

一天晚上，周林写完作业，随手扯出一段妈妈做针线用的松紧带，一会儿用手平拉，一会儿将它踩在脚下。双手向上拉着松紧带时，他联想到上次在健身房锻炼身体的失望经历，突然意识到：如果这是一根具有强大拉力的橡皮筋，那它不正是一件可以变换花样的拉力健身器吗？来不及细想，他便兴奋地动手做起来。他把长长的松紧带三折后用手拉，可以当拉力器；展开踩在脚下向上拉起，可当杠铃练举重；松开后又能当跳绳。安阳市科委的同志看了周林发明的健身器，高兴地说：“这个发明集杠铃、拉力器、握力器、跳绳等多种功能于一体，真是一个新发明、好发明！”周林的发明很快引起了教育部门、体育部门、专利部门等部门的重视。经过专家鉴定，这种多功能健身器完全可以投入生产，在少儿中普及。

多功能健身器的成功发明增添了周林搞发明创造的信心，他带着问题继续观察着、思考着。他经常看到许多同学为了找课本或作业本，把书包翻个底朝天；还有的同学，书角经常残破、卷起，有的书本还会少页。看到这些，他想要是能生产一种隔层多的书包，把书本按标签分层放进去，应该就可以避免这些问题了。就在他准备动手制作书包的时候，又有一件小事给了周林一个新的灵感：一天下午放学时，正赶上下大雨，可同学们几乎都没有带雨具。周林想：我制作书包时可以把雨衣加上呀！就这样，一个多功能书包诞生了：书包背面附有一件折叠的雨衣，不用时可以作为保护脊背的软垫；下雨时，把书包反着背，将雨衣展开，连人带书包都能遮盖住。书包内有一个独立的带有隔层的书夹，每个隔层的板上都有一张标明学科的标签，方便取用书本。

在 1997 年第五届全国“十佳少先队员”的评选中，周林同学以“潜心发明、富于成果”光荣当选。小小年纪的周林很喜欢搞小发明、小创造，并且有了丰硕的成果，他发明的“多功能健身器”“多功能家庭用具”和“多功能书包”已申请国家发明专利，其中一项发明——金豹牌多功能健身器，填补了小学生健身器材方面的空白，并荣获了全国小学教育管理委员会颁发的“小学生发明特等奖”。

周林同学虽然头顶层层光环，但他从不以此为傲，依然踏踏实实地搞发明创造，在自己喜欢做的事情上继续探索着。

感品德

不骄不躁，潜心发明，把在书本上学习到的知识运用到生活实践中，真是活学活用呀。

周林同学的发明创造源于对生活的细心观察和感悟吧。

在行动

生活中处处有创新，人人可创造。换个思路想问题，坚持不懈解决问题，你也可以成为“小创客”哦！

第四单元

二十一世纪的少年先锋

新时代
少先队员

“壮家小神医”刘艺媛

颁奖辞

小小年纪，传承中华医学精粹；勤学济世，守护生命美好健康；妙手仁心，造福父老乡亲。她就是“壮家小神医”刘艺媛。

读故事

2019 年，刘艺媛作为广西忻城县实验小学五（3）中队的一名少先队员，小小年纪的她学习壮医已经超过 5 个年头。走罐、拔罐、针灸、按摩……她样样在行！不仅父老乡亲对她的医术赞不绝口，就连壮医药事业开拓元勋、壮医首席专家黄汉儒在亲身体验了刘艺媛的拔罐、按摩技法之后都赞叹不已，收她为徒。黄汉儒说：“从艺媛身上，我看到了我们壮医的未来！”

耳濡目染　勤奋好学

刘艺媛从小就喜欢跟在父母身边看他们行医治病，耳濡目染中对壮医产生了浓厚的兴趣："爸爸，这是什么药啊？""为什么按这里会让人舒服？""拔罐真厉害，我也要学。"

刘力看到女儿对壮医这么感兴趣，就萌生了教女儿学壮医的念头。艺媛 6 岁时，他就开始手把手地教她给患者按摩。艺媛 7 岁时，他又教她学习拔罐，之后又慢慢地教她辨药、针灸……看着艺媛认真学习的样子，每次刘力都倍感欣慰。

刘艺媛看到一个个病人经爸爸的治疗恢复健康或减轻病痛，非常高兴，暗暗下定决心要把壮医学好，帮助更多的病人摆脱病魔的困扰，过上幸福的生活。

胆大心细　本领不俗

刘艺媛家中约 70 平方米的诊所内堆满了各种各样的药材和药罐。艺媛和爸爸忙前忙后为患者诊疗。艺媛负责起罐，动作快、稳、准。当看到患者拔罐起的水泡后，艺媛就拿出早已准备好的银针，轻轻地把水泡挑破，再擦拭干净。

“我爸说，这些小水泡都是病人排出的湿气和毒素，按我们壮医的疗法，拔罐后把湿气和毒素透出体外再挑破，更利于排毒。”刘艺媛一边治疗一边介绍。

“艺媛胆子很大，心也细，都能帮爸爸给人看病了。我们村里像她这样大的小孩看到打针、出血，还怕得很呢。”到药馆看病的乡亲们总是不吝啬自己对刘艺媛的夸赞，“小小年纪就这么厉害，长大后肯定是一位名医。”

蕙质兰心　传承精粹

壮医除了技法很重要之外，辨药、采药也很关键。为了能把壮医学好，刘艺媛一有时间就跟着爸爸上山采药。

“有些草药长在深山老林、人迹罕至的地方，山上根本没有路，都是披荆斩棘上去，有时候衣服被勾烂、手臂被划伤，艺媛都能坚持下来。”刘力说。他们有时一出来就是一整天，中午随便吃点干粮，饿着肚子满山跑，忍受着蚊虫的叮咬，晚上再一身泥草一身汗地回来，非常辛苦。

“我喜欢中医壮医，长大后我要到医药大学学习中医，让我们的中医，特别是壮医学，能很好地传承下

去，造福我们的父老乡亲。”谈起理想，刘艺媛乐呵呵地说。

家学渊源，蕙质兰心；勤奋好学，坚忍不拔；胸怀梦想，用心追逐。刘艺媛在民族医学的追梦路上，自强自信，阔步前行，展现出新时代好少年的蓬勃英姿。

感品德

在行动

刘艺媛的梦想是做一名壮医的传承者，你的梦想是什么呢？你准备如何实现自己的梦想呢？请做一张梦想卡，激励自己不断进步吧！

就算倒立，也要前行

颁奖辞

虽然无法用脚步丈量人生，但他可以用双手撑起自己的天空，不畏困难，不惧风雨，执着追梦，奋力飞翔。他用事实证明：我能行，我一定能行。他就是“倒立男孩”——颜玉宏。

读故事

颜玉宏是四川省宜宾市屏山县人，一岁时不幸患上了小儿麻痹症，导致下半身瘫痪。从此，“艰难”二字便伴随着他慢慢成长。2009 年，颜玉宏上学读书，他虽然能感受到读书的快乐，但也体会到了去学校之路的漫长：倒立着用手走，爬着走，拄着拐杖走……每天都要咬牙坚持 3 个多小时，才能“走”完那段本不太远的路。

颜玉宏的手常常被路上的小石子磨得掉皮、流血，他

就把鞋子套在手上“走”，摔倒了爬起来继续“走”。遇到泥泞的路段，他身上经常被溅满泥水，可颜玉宏不言苦、不言累。就这样，日复一日，年复一年，无论春夏秋冬，他都风雨无阻。

党和政府听说颜玉宏的事情后，送来一个又一个温暖，社会爱心人士也纷纷帮助颜玉宏及其家人渡过难关：纳入低保家庭住户、给予农房改造补助、纳入脑瘫儿童康复项目、帮助解决医治难题、捐赠学习生活用品……四川省八一康复中心坚持对颜玉宏进行康复训练。终于，颜玉宏能借助拐杖站起来了，实现了“像正常人一样站起来”的梦想。

颜玉宏的寝室在五楼，学校考虑到他的特殊情况，将他的寝室安排在一楼，却被他拒绝了：“大家都住五楼，我觉得自己没必要搞特殊。再说

了，和班上同学住一起，也能增进感情嘛！”颜玉宏笑着解释道。他坚持自己上下楼，他的每一次进步都饱含着汗水。当问到为什么这么努力时，他笑着回答：“有这么多好心人帮助我，我觉得自己就有了坚持下去的动力。”

颜玉宏 2013 年被评为“全国优秀少先队员”，在 2014 年四川省第八届残运会暨第三届特奥会游泳项目比赛中获得 1 银 2 铜的好成绩，当年还被评为“全国自强模范”。颜玉宏的自立自强得到国家、社会的认可，2018 年，在中国残疾人福利基金会与中国三星集团的推荐下，颜玉宏被邀请到韩国平昌，光荣地成为平昌冬奥会的火炬手。

感品德

颜玉宏下半身瘫痪，就用手“走”路坚持上下学，成绩还那么优异，他遇到的困难是我们正常人的无数倍，可他都一一克服了，颜玉宏太了不起了！

颜玉宏自强乐观，永不放弃，他用顽强的意志告诉我们，只要努力，一切都有希望。

我们要珍惜自己的好身体，不浪费好年华，为未来而努力。要相信自己，未来一定更美好。

在行动

我们成立一支“颜玉宏小队”，以颜玉宏同学为榜样，记录自己挑战困难、战胜困难的经历，同时，向身边队员宣传自强不息的精神。

“红色文化的传播者”张力文

颁奖辞

她是红领巾志愿者讲解员。她用声音传递真理，用行动诠释信仰，用真情表达初心。她大气沉稳的讲解吸引着一批又一批的游客。她被誉为“红色文化的传播者”，她就是张力文。

读故事

“观众朋友们，大家好，我是本期的小主播张力文。今天就让我们一起走近陕北革命历史民歌，感受其独具特色的艺术感染力……”校园广播里，张力文的声音抑扬顿挫、有板有眼，这是她主持的校园地域特色课程。

张力文，2008年出生。她的外公是一位“老革命”，她从小就听红军长征的故事、中国共产党在延安的故事，对红色文化充满了感情，对红领巾志愿者讲解员也产生了浓厚的兴趣。

为了能成为红领巾志愿者讲解员，张力文从三年级开始便参加小讲解员辅导班。每到节假日，她就在妈妈的带领下，到市区内的红色景点熟悉情况，跟着景点讲解员一招一式认真地学习。2018年4月，通过层层选拔，张力文如愿加入桥儿沟鲁艺旧址的红领巾志愿者讲解员队伍。

担任红领巾志愿者讲解员后，张力文一有时间就到杨家岭、枣园、鲁艺旧址为游客讲解延安精神，到社区、学校为市民和同学们宣讲红色故事。她还将革命故事、艺术表演有机融合，以讲、唱、跳的形式呈现给游客。许多游客在鲁艺旧址的留言簿上留言，为张力文的讲解点赞。辅导老师刘美艳夸奖张力文说：“这个小姑娘仪态大方，表达清晰，音色动听，讲出来总是那么吸引游客，是一个与众不同的孩子，很让人喜欢。”

“每天写完作业后都要背讲解词，虽然任务很重，但这些是我喜欢的，我愿意为这些事付出努力。”张力文开心地对记者说，“人都会遇到困难的，挺一挺就过去了！”

张力文是首届“红窑洞杯”小小讲解员红故事大赛一等奖获得者。2018 年 12 月，张力文作为少先队员代表为延安市第二次少代会献词。中国共产主义青年团第十八次全国代表大会在北京召开时，张力文作为陕西省唯一的少先队员代表，与其他省、市的 9 名少先队员一起为大会献词。2018 年，张力文荣获共青团中央、教育部和全国少工委共同颁发的“全国优秀少先队员”荣誉称号。2019 年第一批“新时代好少年”评选，张力文再次从全国脱颖而出。面对这份荣誉，张力文说，自己将继续传承红色基因，讲好红色故事，传播红色文化，让延安精神和红色故事代代相传。

感品德

少年儿童要热爱党，热爱祖国，热爱人民，用实际行动把红色基因一代代传下去。张力文同学是传承红色基因的小模范！

张力文同学把对党的爱化作一个个动人的故事讲给更多的人听，我们要向她学习，积极主动地去讲述红色故事，传承红色基因。

在行动

我们红领巾学院要成立“红色宣讲团”啦，快来报名参加吧！

小虎的公益“童画”

颁奖辞

他手执画笔，热心公益，帮助同龄的清贫娃圆了画画梦；他用爱心汇聚温暖力量，发起设立“彩虹基金”，两年多时间募集近 20 万元善款，点亮 10 万名小伙伴的多彩梦想。他就是福州市仓山小学的林峻德。

读故事

林峻德小名叫小虎，2019 年，他还是福州市仓山小学五年级少先队队员。不满 12 岁的他，已经是有丰富绘画经验的“老匠”了。他喜欢写生，用手中的画笔勾勒着大街小巷的老式建筑；他痴迷手工，能把废品变为美观的艺术品。

从幼儿园开始，林峻德就跟着家人一起参加慈善活动。耳濡目染，做公益的种子在林峻德的心中悄悄生根发芽。2016 年，一条新闻促使林峻德正式踏上做公益之路。新闻中，宁德市屏南县漈下小学学生的画作在网上义卖，筹来的善款用于修建公厕。实际上，这些酷爱画画的孩子因为生活清贫，连基本的绘画用品都欠缺。听妈妈说完后，林峻德就坐不住了："我要把画统统卖掉，把钱捐给他们买画具！"

于是，"小虎公益筹"上线了。林峻德挑选出自己的画作，制成台历，还手绘上百张答谢卡来感谢爱心人士。让人惊喜的是，不到一天时间，募得善款 15830 元，活动转发量、点赞量均超过 3000。在大家的支持下，林峻德拉上身边的小伙伴，共同举办了"'福州—漈下'手拉手爱心画展"，现场又募集到善款 2150 元。他们不仅为漈下小学学生带去了最需要的彩色蜡笔、水彩笔、画纸等绘画用品，还为他们添置了羽绒服。

爱心链条延伸

到全校和社会，仓山小学向全校师生发起了“小虎爱心台历义卖”活动，为学校对口帮扶的屏南双溪小学募捐。2017 年年底，获知此事的福建省青少年发展基金会，以林峻德为发起人设立“彩虹基金”，为热爱艺术的希望小学的学生、农村学校的孩子捐赠“彩虹美术包”及提供专业艺术指导等。林峻德以个人感染众人，不仅让需要帮助的孩子得到了帮助，也带动了更多的孩子参与公益。“彩虹基金”成立至今，已有数万人参与爱心传递接力，共募得近 20 万元善款，使上万名孩子从中获益。

暑假里，当同龄伙伴都在玩耍的时候，活泼好动的林峻德却“宅”在家里“画扇子”。2019 年元旦期间，“小虎公益筹”第二波——“谢谢你的‘扇’意”正式上线。12 幅雅致的扇面集成一本爱心台历，在福建不少人的朋友圈刷屏。“捐一份爱心，收藏一份‘扇’意”“隔屏都能感受到满满的‘扇’意”“支持城乡青少年的艺术梦想”……数百名网友转发，近万人点赞，活动共募集善款 5000 元，全数捐赠给了“彩虹基金”。

林峻德的公益“童画”仍在继续，他打算制作文创产品进行网络义卖。林峻德说，他会一如既往地坚持画下去，不仅因为可以做自己喜欢的事，更因为能帮助别人，这才是最开心的。

感品德

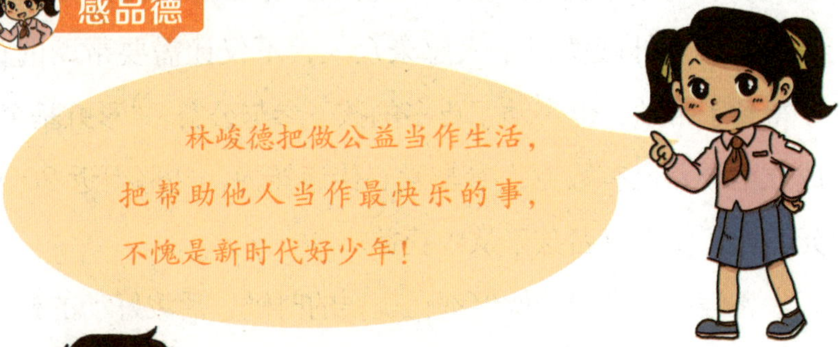

在行动

我们身边有许许多多需要帮助的人，我们应该怎么帮助他们呢？我们应该急人之困，帮助他们解决生活和学习上的困难。

增肥救父的路子宽

颁奖辞

为了增肥救父，他暴饮暴食3个多月，体重从60斤猛增到近百斤。别人一天吃3顿饭，他坚持吃5顿，肚子撑得跟皮球一样，胃胀得难以入睡。他一边偷偷抹眼泪，一边为日益增长的体重暗自高兴。他就是新乡市辉县市百泉镇西井峪小学五年级学生路子宽。

读故事

河南男孩路子宽，为了能给父亲捐献骨髓及造血干细胞，用3个月时间努力“暴饮暴食”，成功增肥30多斤，于2019年9月9日和10日分别为父亲捐献了骨髓及造血干细胞。

2018年，路子宽的父亲路炎衡白血病恶化，药物已经不起作用。看着父亲被化疗折磨得日渐消瘦，10岁的路子宽痛过、哭过之后，毅然决定救父亲，为父亲捐献骨髓。他到医院进行体检配型，医生说："6项指标有5项符合，可以捐献骨髓，但是你太瘦，体重只有60多斤，达到90斤以上才能捐献。"为了救父亲，路子宽开始了艰难的增肥之路。

路子宽原来饭量并不大，为了增肥，他努力多吃食物：早上吃三个鸡蛋、一个大馒头，喝一碗稀饭、一盒牛奶；中午搭配蔬菜、大米饭，吃一大碗红烧肉；下午放学回到家、晚上七八点再各吃一餐；临睡前，吃一份鸡蛋面、喝一盒牛奶。刚开始他还觉得有肉吃很开心，因为家里不经常吃肉。可是没过几天，他便因为消化不良，开始上吐下泻。但路子宽吃饭的拼命劲儿一点儿也没减少，每顿都吃到吃不下去才放下碗筷。食物把路子宽的肚皮撑得跟皮球一样，夜里胃胀得难以入睡，他难受得躺在床上偷偷抹眼泪。奶奶看到了，心疼地把红烧肉换成鸡肉，路子

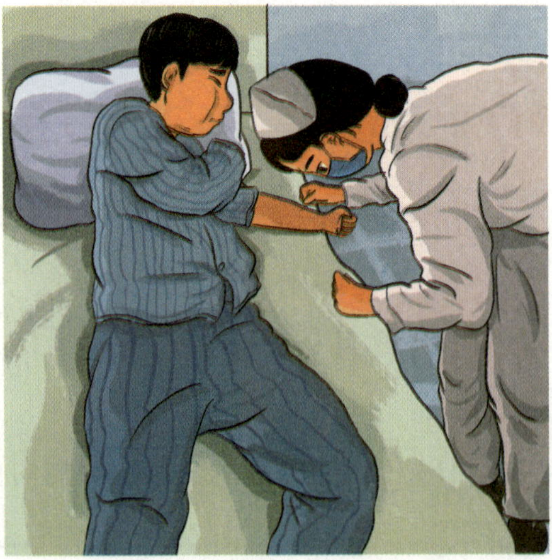

宽发现后对奶奶说："鸡肉都是瘦肉，增肥效果不好，我要赶快增肥救我爸爸。"他把鸡肉又换成了红烧肉。

69、72、88、90……路子宽的体重不断增加，距离捐献骨髓的目标也越来越近。在手术室里，医生给路子宽打麻醉针，在他大腿静脉处插管，子宽咬牙忍着一动也不动。手术结束后，医生拔出管子，鲜血直往外涌，子宽的姑姑和妈妈按压了近一个小时才止住血，可他始终没有哭一声。病房的医生、护士都对他赞不绝口，亲切地叫他"小男子汉"。

路子宽懂事孝顺，富有爱心，他知道家里困难，从来不买零食和玩具。但在2020年年初，新冠肺炎疫情席卷全国时，他毅然捐出自己积攒多年的1000元压岁钱。路子宽说："这么多的叔叔阿姨帮助我们，我也想为国家、为武汉献出自己的一份爱心！"

路子宽"增肥救父"的感人事迹先后被中央电视台、河南电视台、人民网、新浪网等多家新闻媒体宣传报道，在社会上引起强烈反响。2019年路子宽获得全国"最美孝心少年"荣誉称号。2020年被中央文明办、教育部、共青团中央、全国妇联、中国关工委联合表彰为"新时代好少年"。

感品德

路子宽为救父亲，狂吃3个月，增肥30多斤。他坚强懂事，主动为长辈分忧，从他的身上，我看到了新时代好少年孝敬父母的美好品质。

路子宽把对父亲的爱落实在行动中，我要向他学习！

在行动

与路子宽相比，我们身边有的队员做得就很不好：吃饭穿衣总是挑剔，衣来伸手，饭来张口，还惹爸爸妈妈生气。为此，我们决定开展一次“让孝心永驻我家”的活动，请制订一份计划单吧！

有梦就要大胆去追

颁奖辞

在同龄男孩儿收集汽车画报、玩遥控赛车、拼汽车模型的时候，这个男孩儿却手造了一台属于自己的卡丁车。他以创造发明为快乐源泉，他的梦想是做一名像爱迪生那样的发明家。他就是“科技男”——邵子衿。

读故事

在周围人眼中，邵子衿这个男孩儿“很有想法”。2018 年暑假，国外一则造卡丁车的视频引起了邵子衿的兴趣，他顿时冒出个大胆的想法：“如果我也可以做一辆属于自己的卡丁车，那该多酷啊！”邵子衿决定利用自己积累的知识动手试一试。

说干就干，邵子衿查阅了一段时间资料后，决定设计一款由电瓶驱动的三轮卡丁车。画图纸、用乐高积木拼模

型……没有足够的钱买新设备，邵子衿就变废为宝，自己动手制作。他花费 300 元买了辆报废的电动自行车，又买来松木和铝合金材料，把家里的一把旧椅子改造为卡丁车座椅。邵子衿戴起手套，拿起电钻、锯子开始干，客厅成了他的制造车间。

邵子衿每天一干就是三四个小时，遇到难题就看书、上网查资料，有时候还到路边修车铺向修车师傅请教。造车过程中，常常好不容易做好一个装置，结果运转出错，只能拆了重新设计和制作。“几天都白干了，真的很想放弃，但最后还是坚持了下来。”邵子衿说。

几个月下来，电动卡丁车终于大功告成。戴上安全帽和安全手套，他坐在车里发动了引擎，车子平稳前进，车速能达到电动自行车的速度。这个小小“科技男”和他的卡丁车一下子走红，在网络上收获千万点击率。

卡丁车只是他诸多发明创造中的一种。生活中，这个小小“科技男”喜欢看各种科技类节目，脑子里总是充满奇思妙想。在家里，随处都有经他动手创造的作品，角落里的小物件只要被他盯上就逃不开被“改头换面”的命运：乐高街景的房子模型安装了LED灯带后焕然一新；改造摩托车头盔；将充电头涂装成彩色小巴士；自学更换吉他弦……他设计制作的懒人浇花器，只要通上电，就能实现自动浇水，给大家带来不少便利。

目前，他正在琢磨设计一款“一网打尽式歹徒捕捉网”呢，希望可以为校园安保出份力，让校园更安全。

“坚持梦想，在成长的路上没有终点。”邵子衿在给同龄人的寄语中这样写道。他说：“我希望将来能成为一个像爱迪生那样伟大的发明家，如果成不了发明家，也想将发明当成一生的爱好。”

感品德

邵子衿同学热爱科学、敢于追梦、执着圆梦的精神令人佩服！

愿我们身边有越来越多的邵子衿式的好少年，那么我们的国家会越来越强大。

在行动

我们中队也有许多喜欢科技的队员，咱们一起成立“红领巾小创客”小队吧！

背起父亲去上学

颁奖辞

羊有跪乳之情，鸦有反哺之义。面对突如其来的家庭变故，小小少年勇挑重担，用稚嫩的肩膀撑开一片天地，用薄弱的羽翼营造一方温暖，为孝老爱亲的传统美德作出时代注脚。她就是“最美孝心少年”——陈春林。

读故事

在广西贺州高中曾有这样一位同学：父亲和她一起住在学校宿舍，她一边上学，一边照顾父亲的生活起居，学校对她的学杂费全免，还给予生活补贴。

她叫陈春林，是全国优秀共青团员、全国孝老爱亲道德模范。她9岁丧母，15岁时父亲中风偏瘫在床，16岁

“背”起父亲去上学……在清贫中自立，在艰难中奋发，她用孝心、爱心诠释了什么才是生活，注解了什么叫精神的强者！

遭遇家庭变故后，为了更好地照顾父亲，陈春林选择了休学。她每天给父亲按摩、拍打全身，帮助父亲做四肢屈伸动作，一做就是几个小时，一天下来手酸得抬不起来。即使累得满头大汗，陈春林也从不喊累，日复一日咬牙坚持着。终于，在陈春林的精心照料下，父亲的病情逐渐好转。

当父亲的病情相对稳定后，一直品学兼优的陈春林重燃上学读书的愿望。但父亲怎么办？16 岁的春林决定：带上父亲去上学！钟山县第一中学接纳了这个求知若渴的孩子，并在学校安排了一间小柴房供父女俩使用。

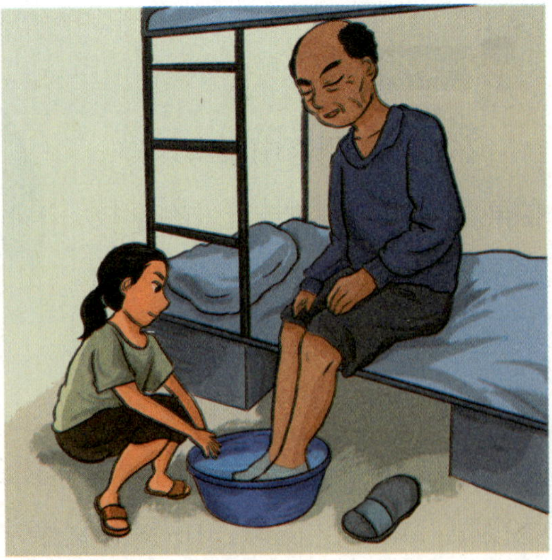

为了不让功课落下，陈春林争分夺秒地学习。她每天一大早先照顾父亲起床洗漱，给父亲喂饭喂水、搓背

按摩……安顿好父亲后，赶紧上课。中午、晚上也是抓紧时间给父亲喂饭喂水。2014 年，陈春林以全 A+ 的优异成绩被贺州高级中学录取。拿到录取通知书的陈春林不但未为自己取得的好成绩而兴奋，反而陷入深深的困扰中：去贺州高中后，病情刚有好转的父亲该怎么办？

在得知陈春林的境遇后，贺州高中对这位善良坚强的孩子给予特别照顾：高中三年学杂费用全免，还给予生活补助。最让陈春林欣慰的是，学校还在校内腾出一间宿舍，让她可以继续带着父亲读书。在陈春林的课本和辅导书里，各种密密麻麻的解题笔记真实地记录着她刻苦学习、为理想奋发拼搏的历程。

陈春林“带父上学”的故事感动了很多人，多家媒体相继报道陈春林的感人故事，许多社会爱心人士及学校师生伸出援助之手。面对社会各界的关心和支持，陈春林说：“我将永远铭记在心，化作奋力前行的动力。以后，我想成为一名教师，通过教书育人回报社会，把爱传递给每一位学生……”

感品德

陈春林在清贫中自立，在苦难中坚强，是名副其实的精神强者！

陈春林用最本能的情和最真实的行动表达了对父亲的爱！

在行动

我们中队将开展“向陈春林姐姐学习，做孝心少年”的活动，请每个小队制订自己的活动计划吧。